Louise L. Hay

Meine innere Weisheit

Louise L. Hay

Meine innere Weisheit

Aus dem Amerikanischen von
Frances Maffey und Heinrich Hauck
Bearbeitet von Wolfgang Höhn

Lüchow

Die Autorin gibt in diesem Buch keine medizinischen Empfehlungen und verordnet hier weder direkt noch indirekt den Einsatz irgendeiner Methode im Sinne einer Therapie. Bei physischen oder psychischen Beschwerden sollten die Betroffenen unbedingt einen Arzt oder Heilpraktiker konsultieren. Absicht der Autorin ist es allein, Informationen allgemeiner Art anzubieten, um die Leser in ihrem Streben nach körperlichem, emotionalem und geistigem Wohlbefinden zu unterstützen. Falls die Leser die Informationen aus diesem Buch für sich selbst anwenden möchten, geschieht das im Sinne einer Selbstbehandlung, und das ist ihr gutes Recht. In diesem Falle übernehmen aber weder die Autorin noch der Verlag Verantwortung für die etwaigen Folgen.

Die Originalausgabe erschien unter dem Titel
Inner Wisdom – Meditations for the Heart and Soul

Original English Language Publication 2000 by Hay House Inc.,
California, USA
Tune into Hay House broadcasting at: www.hayhouseradio.com

Bibliografische Informationen der Deutschen Bibliothek
Die deutsche Bibliothek verzeichnet diese Publikation in der Deutschen Nationalbibliografie; detaillierte bibliografische Daten sind im Internet über http://dnb.ddb.de abrufbar.

in der Verlag Kreuz GmbH
Postfach 80 06 69, 70506 Stuttgart
www.luechow-verlag.de

Umschlaggestaltung: ReclameBüro, München
Umschlagbild: floral background © japonka
Satz: Ingeburg Zoschke, Berlin
Druck: CPI – Clausen & Bosse, Leck

ISBN 978-3-7831-9065-6

Einführung
Von Louise L. Hay

In jedem von uns ist ein Zentrum der Weisheit, weitaus tiefer und großartiger als das, was wir uns vorstellen. Die Meditationen in diesem Buch sollen uns helfen, mit diesem Zentrum in Verbindung zu treten und unser Verständnis für das Leben zu vertiefen. Wenn wir bereit sind, unser Bewusstsein für neue Formen des Denkens zu öffnen, verändert sich unser Leben zum Besseren. Mein wahres Ziel ist es einzig und allein, ständig in der Erkenntnis zu wachsen – um das Leben und seine Wege besser zu begreifen. Was muss ich glauben, wissen und sagen, damit mein Leben so ungestört wie möglich verläuft?

Jeder von uns verfügt über die Gabe, sich mit der Quelle zu verbinden. Dort finden wir den Frieden, den wir alle suchen – jene innere Weisheit, die uns in den sogenannten dunklen Zeiten Kraft verleiht. Wenn wir das Leben in einer umfassenderen Perspektive betrachten, werden wir auch erkennen, wie unbedeutend doch viele unserer Alltagsprobleme sind. Dann verstehen wir auch die Bedeutung des Satzes: »Lass dich nicht von Kleinigkeiten ins Schwitzen bringen – es sind ja *alles* nur Kleinigkeiten!«

Jedes Mal, wenn wir »Ich weiß nicht« sagen, verschließen wir den Zugang zu der eigenen Quelle unendlicher Weisheit. Alle Antworten auf alle Fragen, die wir jemals stellen können, liegen in uns selbst. Wir selbst sind es, die Vergangenheit, Gegenwart und Zukunft kennen. Wir alle besitzen die Fähigkeit, mehr zu wissen, mehr zu erkennen, mehr zu verstehen und das Leben in seiner Ganzheit zu erfassen.

Die Art und Weise, wie wir den Tag beginnen, gibt den Ton für die nachfolgenden Erfahrungen und unser Verhalten vor. Deshalb empfehle ich dir, dieses Buch am Morgen als Erstes auf gut Glück zu öffnen. Wisse, dass die Meditation, die du aufgeschlagen hast, die richtige Botschaft für diesen Tag enthält. Ebenso liebe ich es, meinen Tag mit erhebenden Gedanken abzuschließen. Das ist ein gutes Mittel, um angenehme Träume zu haben und am nächsten Morgen mit klarem Kopf zu erwachen.

Vergiss nicht: In der unendlichen Weite des Lebens ist alles perfekt, ganz und vollendet … und das gilt auch für dich.

Ich sage immer Ja

Ich weiß, dass ich eins bin mit allem Leben. Ich bin von unendlicher Weisheit umgeben und erfüllt. Deshalb vertraue ich voll und ganz darauf, dass mich das Universum auf jede erdenkliche positive Weise unterstützt. Ich wurde vom Leben erschaffen und mit diesem Planeten beschenkt, damit ich all meine Wünsche erfüllen kann. Alles, was ich jemals brauchen werde, ist schon vorhanden und wartet auf mich.

Ganz gleich, was ich glauben, denken oder sagen mag, das Universum sagt immer Ja zu mir. Ich vergeude meine Zeit nicht mit negativen Gedanken oder negativen Dingen. Ich ziehe es vor, mich selbst und das Leben in einem möglichst positiven Licht zu sehen. Darum sage ich Ja zu Glück und Wohlstand. Ich sage Ja zu allem Guten. Ich bin ein Mensch, der immer Ja sagt, der in einer Ja-Welt lebt und dem ein Ja-Universum antwortet. Und es erfüllt mich mit Freude, dass es so ist.

Ich ruhe in Wahrheit und Frieden

Unabhängig davon, wo ich mich gerade befinde: Überall ist nur Geist, Gott, grenzenlose Güte, grenzenlose Weisheit, grenzenlose Liebe und grenzenlose Harmonie. Es kann gar nicht anders sein. Es gibt keine Dualität. Es gibt keine Probleme, für die es nicht eine Lösung gäbe. Ich beschließe, mich nicht damit abzufinden, die Lösung für jede Art von Zwiespalt, der in der wahrhaft harmonischen Atmosphäre meiner Welt auftauchen könnte, allein in göttlichem Eingreifen zu suchen.

Ich bin bereit, aus diesem scheinbaren Zwiespalt und Chaos zu lernen und daran zu wachsen. Ich lasse das Kritisieren sein und wende mich nach innen, um die Wahrheit zu suchen. Für mich selbst und jeden anderen Menschen in meinem Leben verkünde ich Frieden, Sicherheit, Harmonie, ein tiefes Gefühl der Selbstliebe und die Bereitschaft, andere zu lieben. Ich ruhe in der Wahrheit und ich lebe in der Freude.

Ich heile mich auf allen Ebenen

Dies ist eine Zeit des Mitgefühls und der Heilung. Ich wende mich nach innen und verbinde mich mit dem Teil von mir, der zu heilen vermag. Ich weiß, dass ich mich auf dem Weg der Heilung befinde. In dieser Zeit entdecke ich meine heilerischen Gaben – Fähigkeiten, die stark und kraftvoll sind. Ich bin unglaublich begabt. Ich bin bereit, zur nächsten Ebene voranzuschreiten, um mich auf allen möglichen Stufen wirklich zu heilen. Ich bin reiner Geist und als solchem steht es mir frei, mir selbst und der ganzen Welt zu helfen.

Ich bejahe mich voll und ganz

Der größte Teil der Aufgabe, mich heil und ganz zu machen, besteht darin, alles zu bejahen, was zu mir gehört. Ich akzeptiere die Zeiten, als es mir gut ging, ebenso wie die Zeiten, als es mir weniger gut ging; die Zeiten, als mich die Angst beherrschte, ebenso wie die Zeiten, als ich von Liebe erfüllt war; die Zeiten, als ich völlig verrückt war, ebenso wie die Zeiten, als ich wirklich klug und gescheit war; die Zeiten, als alles schief ging, ebenso wie die Zeiten, als mir alles glückte. Das alles gehört zu mir.

Die meisten meiner Probleme entstehen dann, wenn ich etwas zurückweise, das zu mir gehört – das heißt, mich selbst nicht total und bedingungslos liebe. Ich schaue nicht mit einem Gefühl der Scham auf mein Leben zurück. Ich betrachte die Vergangenheit als Teil der Herrlichkeit und der Fülle des Lebens. Ohne diesen Reichtum und Segen wäre ich heute nicht da, wo ich bin. Wenn ich alles bejahe, was zu mir gehört, werde ich ganz und heil.

Mein ganzes Wesen schwingt im Licht

Ich schaue in die Tiefe meines Herzens und erblicke dort den winzigen Punkt des strahlenden Regenbogenlichts. Er hat eine so wunderschöne Farbe. Er ist das wahre Zentrum meiner Liebe und Heilkraft. Ich beobachte, wie mein Lichtpunkt zu pulsieren und zu wachsen beginnt, bis er mein ganzes Herz erfüllt.

Ich lasse das Licht durch meinen Körper schwingen, vom Scheitel bis in die Spitzen der Zehen und Finger. Ich strahle dieses schöne farbige Licht – meine Liebe und Heilkraft – aus. Ich sage mir selbst: »Mit jedem Atemzug werde ich gesünder und gesünder.« Ich spüre, wie das Licht meinen Körper von Unwohlsein befreit. Ich lasse das Licht aus mir heraus an meinen besonderen Platz in der Welt leuchten.

Jede Hand, die mich berührt, ist heilend

Ich bin ein kostbares Wesen und werde vom Universum geliebt. Während ich die Liebe, die ich für mich selbst empfinde, wachsen lasse, spiegelt das Universum diese Liebe wider, indem es sie immer üppiger gedeihen lässt. Ich weiß, dass die Kraft des Universums überall waltet – in jedem Menschen, an jedem Ort und in jedem Ding.

Diese liebende und heilende Energie durchströmt die Welt der Heilberufe und wirkt in jeder Hand, die meinen Körper berührt. Auf dem Weg des Heilens ziehe ich nur hoch entwickelte Wesen an. Meine Präsenz trägt dazu bei, spirituelle und therapeutische Fähigkeiten in jedem Praktizierenden zu erwecken. Ärzte und Schwestern sind erstaunt über ihre Fähigkeiten, wenn sie in einem heilenden Team mit mir zusammenarbeiten.

Ich mache den nächsten Schritt zur Heilung

Wenn ich eine Affirmation wie diese spreche, ist mir klar, dass sie ein Ausgangspunkt ist. Sie macht den Weg frei. Ich sage zu mir selbst: *Ich werde Verantwortung übernehmen. Ich bin mir dessen bewusst, dass ich selbst etwas tun kann, um mich zu ändern.* Wenn ich diese Affirmation wiederhole, bin ich entweder bereit, alles, was es auch sein mag, loszulassen, und die Affirmation wird Wirklichkeit, oder sie wird mir einen ganz neuen Weg eröffnen. Vielleicht habe ich brillante Geistesblitze oder ein Freund sagt mir am Telefon: *Hast du das schon einmal ausprobiert?* So werde ich zum nächsten Schritt geführt, der mir bei meiner Heilung weiterhelfen wird.

Mein Heim ist ein Ort des Friedens

Mein Heim ist ein Spiegelbild meiner selbst. Deshalb entschließe ich mich jetzt zum Großreinemachen. Ich räume meinen Kühlschrank und alle Schränke aus. Ich nehme alle Kleider heraus, die ich eine Zeit lang nicht mehr getragen habe, und verkaufe, verschenke oder verbrenne sie. Ich befreie mich von den alten Sachen, um Platz für das Neue zu schaffen.

Während ich mich von meinen Kleidern trenne, sage ich mir: *Ich räume die Schränke meines Geistes auf.* Dasselbe mache ich auch mit meinem Kühlschrank. Ich räume alle Lebensmittel und Speisereste aus, die schon eine Weile darin gelegen haben. Ich weiß, dass Menschen, die ihre Kleider- und Kühlschränke mit allem möglichen Zeug voll stopfen, auch einen chaotischen Geist haben. So mache ich mir mein Heim zu einem schönen Ort.

Ich verdiene ständig mehr

Ich weiß, dass der schnellste Weg zur Erhöhung meines Einkommens darin besteht, zuerst die spirituelle Arbeit zu erledigen. Um zu mehr Wohlstand zu gelangen, habe ich die Wahl, Geld und andere Formen des Reichtums entweder anzuziehen oder zurückzuweisen. Klagen helfen mir da niemals weiter.

Ich habe ein kosmisches mentales Bankkonto, und ich kann darauf positive Affirmationen deponieren. Ich kann glauben, dass ich Wohlstand verdiene, oder mir das Gegenteil einbilden. Ich bekräftige positiv: *Mein Einkommen nimmt ständig zu. In allen Bereichen meines Lebens herrscht Überfluss.* Ich merke, dass ich mühelos Reichtum anziehe.

Ich bin immer gut beschützt

Wenn bei mir manchmal alles fantastisch läuft, beginne ich unruhig zu werden und mich zu fragen, ob nicht bald etwas Schlimmes geschehen könnte, das mir alles wegnimmt. Ich weiß, dass diese Ängste ein Ausdruck von Furcht und mangelndem Selbstvertrauen sind. Deshalb erkenne ich sie als denjenigen Teil von mir, der eben daran gewöhnt ist, dass ich mich über etwas aufrege: Ich danke ihm für seine Botschaft und lasse los.

Wenn ich Angst bekomme, steigt mein Adrenalinspiegel, um mich vor Gefahr zu schützen. Ich sage zu der Angst: *Ich bin dir dankbar, dass du mir helfen willst*. Und dann spreche ich eine Affirmation dazu. Ich schaue der Angst ins Gesicht und danke ihr, aber ich messe ihr keine Bedeutung bei.

Ich besitze unbegrenztes Potenzial

In der Unendlichkeit des Lebens, in der ich existiere, freue ich mich in dem Wissen, dass ich eins bin mit der Kraft, die mich geschaffen hat. Diese Kraft liebt alle ihre Geschöpfe, so auch mich. Ich bin das geliebte Kind des Universums; alles ist mir geschenkt worden. Ich verkörpere die höchste Lebensform auf diesem Planeten. Ich bin ausgestattet mit allem, was ich für jede zukünftige Erfahrung brauchen werde.

Mein Geist ist stets mit dem Einen Unendlichen Geist verbunden. Darum stehen mir alles Wissen und alle Weisheit zur Verfügung. Ich genieße meine Grenzenlosigkeit, denn ich weiß, dass mir die Gesamtheit aller Möglichkeiten in allen Bereichen offen steht. Ich habe tiefes Vertrauen in die Eine Kraft und ich weiß, dass in meiner Welt alles gut ist, so wie es ist.

Ich liebe mich
im gegenwärtigen
Moment

Liebe ist der beste Schwamm, den ich kenne. Liebe löscht selbst die tiefste Prägung aus, denn nichts geht tiefer als Liebe. Wenn ich in meiner Kindheit negativ geprägt wurde und deshalb ständig denke: *Es ist alles ihre Schuld*, dann kann ich mich nicht ändern und komme nicht weiter.

Deshalb arbeite ich viel mit dem Spiegel. Ich betrachte mein Spiegelbild und sage jedem einzelnen Teil meines Körpers und meiner Seele, dass ich ihn liebe. Ich mache das jeden Morgen nach dem Erwachen und jeden Abend vor dem Schlafengehen. Ich liebe alles an dieser herrlichen Seele, die mein Ich ist.

So, wie ich bin, bin ich vollkommen

Ich bin weder zu viel noch zu wenig. Ich muss weder einem Menschen noch einer Sache beweisen, wer ich bin. Ich bin durch viele Identitäten gegangen und jede war die vollkommene Manifestation einer bestimmten Lebenszeit. Ich bin zufrieden, das zu sein, was ich in diesem Leben bin. Ich strebe nicht danach, ein anderer zu sein, denn das ist nicht die Manifestation, die ich dieses Mal gewählt habe. Das nächste Mal werde ich anders sein.

Ich bin vollkommen, so wie ich hier und jetzt bin. Ich habe alles, was ich brauche. Ich bin eins mit dem Leben. Dazu muss ich mich nicht bemühen, besser zu werden. Mich heute mehr zu lieben als gestern und mich wie jemanden zu behandeln, der tief geliebt wird, ist alles, was ich zu tun habe. Freudig erkenne ich meine eigene Vollkommenheit und die Vollkommenheit des Lebens.

Jeden Tag will ich etwas Neues lernen

Wenn ich mich an meine Schulzeit erinnere, denke ich: *Wäre es nicht großartig gewesen, wenn man meinen Freunden und mir – statt all der Jahreszahlen von Schlachten – beigebracht hätte, wie wir richtig denken, wie wir uns selbst lieben, wie wir gute Beziehungen pflegen, wie wir kluge Eltern werden, wie man mit Geld umgeht und wie man gesund bleibt?*

Ich kann die Vergangenheit nicht ändern, aber ich kann mich entschließen, all diese Dinge und noch mehr zu lernen … heute. Ich bereichere mein Leben, indem ich jeden Tag etwas Neues lerne – und mein Wissen an andere weitergebe.

Ich bin bereit, negative Muster loszulassen

Ich forme Gewohnheiten und Verhaltensmuster, weil sie mir irgendwie dienlich sind. Manchmal benutze ich sie, um jemanden zu lieben oder zu bestrafen. So ist es doch erstaunlich, wie viele Krankheiten ich bei mir selbst hervorgerufen habe, weil ich einen Elternteil lieben oder bestrafen wollte: *Weil ich meinen Vater liebe, will ich Diabetes bekommen so wie er.* Das mag sich nicht immer auf einer bewussten Ebene abspielen, aber wenn ich beginne, nach innen zu schauen, werde ich das betreffende Muster finden.

Oft erzeuge ich negative Gedankenmuster, weil ich nicht so recht weiß, wie ich mit einem bestimmten Bereich meines Lebens umzugehen habe. Ich sollte mich fragen: *Was macht mich traurig? Über wen ärgere ich mich? Was versuche ich zu vermeiden? Wie wird mir das helfen?* Wenn ich nicht bereit bin, loszulassen, kann ich machen, was ich will – es wird einfach nicht funktionieren. Aber wenn ich dazu bereit bin, dann ist es wirklich erstaunlich, wie mir sogar Kleinigkeiten beim Loslassen helfen können.

Ich entwickle wunderbare neue Überzeugungen

Hier folgen einige der Überzeugungen, die ich im Laufe der Jahre für mich entwickelt habe und die mir wirklich helfen:

Ich bin immer in Sicherheit.
Alles, was ich wissen muss, wird mir offenbart.
Alles, was ich brauche, kommt zu mir – in perfekter raum-zeitlicher Abfolge.
Das Leben ist eine Freude, es ist von Liebe erfüllt.
Ich bin immer heil und gesund.
Ich gedeihe, wohin ich mich auch wende.
Ich bin bereit zu Wandel und Wachstum.
In meiner Welt steht alles zum Besten.

Ich verdiene alles Gute

Wenn es in mir eine Überzeugung geben sollte, die da sagt: *Das ist nichts für mich*, oder: *Ich bin nicht gut genug dafür*, dann denke ich mir: *Ich will diese Überzeugung loslassen. Das muss ich nicht mehr glauben*. Ich muss nicht dagegen kämpfen. Das ist keine schwierige Aufgabe. Ich ändere einfach einen Gedanken.

Ich bin geboren, das Leben zu genießen. Ich bestätige, dass ich jetzt bereit bin, mich für die Fülle und den Reichtum zu öffnen, die überall vorhanden sind. Genau hier und jetzt will ich das im Geist für mich fordern: *Ich verdiene Wohlstand. Ich verdiene alles Gute*.

Was ich da erklärt habe, ist auf geistiger Ebene bereits vollendet und wird sich nun in meiner Erfahrungswelt manifestieren.

Grenzenlos ist meine Liebe

Es gibt so viel Liebe in der Welt, es gibt so viel Liebe in meinem Herzen, doch manchmal vergesse ich das. Manchmal meine ich, es gäbe nicht genug oder es gäbe nur ganz wenig. Dann horte ich das, was ich besitze, oder ich habe Angst, es loszulassen. Ich habe Angst, es herzugeben.

Aber dann erkenne ich, dass ich umso mehr Liebe in mir trage und empfange, je mehr Liebe ich aus meinem Herzen verströmen lasse. Liebe ist unendlich und zeitlos. Liebe ist wirklich die mächtigste Heilkraft, die es gibt. Ohne Liebe könnte ich nicht überleben. Liebe heilt, und so schenke und empfange ich sie ohne Einschränkung.

Mein Geschäft floriert

Ich stehe unter göttlicher Führung, unter der auch mein Geschäft gedeiht, wächst und expandiert. Ich will mich von allen negativen Vorstellungen befreien, die sich auf Begrenzungen des Cashflows beziehen. Ich öffne mein Bewusstsein für einen Quantensprung des Wohlstands, indem ich mir vorstelle und akzeptiere, dass große Summen auf mein Bankkonto strömen. Ich habe reichlich Geld zur Verfügung, es bleibt genügend übrig und ich kann es mit anderen teilen. Das Gesetz des Wohlstands lässt Geld in Hülle und Fülle fließen. Es sorgt dafür, dass meine Rechnungen bezahlt werden, und bringt mir alles, was ich brauche, und sogar mehr.

Ich entscheide mich jetzt, ein lebendes Beispiel für Wohlstandsbewusstsein zu sein. Ich lebe und arbeite in Komfort, Leichtigkeit und Schönheit. Ich genieße inneren Frieden und Sicherheit. Mit Freude und Dankbarkeit sehe ich zu, wie mein Geschäft ständig weiter wächst und über meine Erwartungen hinaus floriert. Ich segne dieses Geschäft mit Liebe.

Ich leiste meinen Beitrag zu einer Welt, in der sich alle unbesorgt lieben können

Ich träume davon, zur Erschaffung einer Welt beizutragen, in der sich alle von uns in Sicherheit lieben können, in der ich geliebt und angenommen werde, so wie ich bin. Ich erkenne: Wenn ich mich selbst liebe, tue ich mir selbst und anderen Menschen nicht weh.

Ich will alle Meinungen und Vorurteile aufgeben, dass die eine oder andere Gruppe nicht in Ordnung sei. Wenn ich begreife, wie unglaublich schön wir alle sind, habe ich die Lösung für den Weltfrieden – für eine Welt, in der man sich unbesorgt lieben kann. Durch alles Gute, das ich jeden Tag tue, trage ich dazu bei, diese Art von Welt zu erschaffen.

Ich lasse alle Schranken hinter mir

Jede Erfahrung gibt mir die Möglichkeit zur Transformation, auch die sogenannten Fehler. Ich liebe mich für alle Fehler und Dummheiten, die ich gemacht habe. Sie waren wirklich wertvoll für mich. Sie haben mich viele Dinge gelehrt. Auf diese Art und Weise lerne ich. Ich will damit aufhören, mich für meine Fehler zu bestrafen. Stattdessen liebe ich mich für meine Bereitschaft zu lernen und zu wachsen.

Mühelos gelingt es mir, mich zu ändern

Wenn ich anfange, an mir selbst zu arbeiten, verschlechtern sich manchmal die Dinge, bevor sie sich zum Besseren wenden. Es ist völlig in Ordnung, wenn das geschieht, denn ich weiß, dass es sich erst um den Anfang des Prozesses handelt. Da werden alte Fäden entwirrt, und ich gehe einfach mit. Zu lernen, was wir lernen müssen, erfordert Zeit und Mühe. Ich verlange keine sofortige Veränderung. Ungeduld ist nur Widerstand gegen den Lernprozess. Ich lasse es zu, dass ich ihn Schritt für Schritt durchlaufe. Je weiter ich komme, desto leichter wird es.

Ich sehe mich in meiner Herrlichkeit

Ich entscheide mich jetzt, alle negativen und zerstörerischen, angstvollen Gedanken und Vorstellungen aus meinem Geist zu verbannen. Ich will weder auf abfällige Gedanken und Gespräche hören noch daran teilnehmen. Heute bin ich so weit, dass mich niemand mehr verletzen kann, denn ich weigere mich zu glauben, dass ich verletzt werden könnte.

Ganz gleich, wie berechtigt es auch scheinen mag, ich lehne es ab, negativen Emotionen nachzugeben. Ich erhebe mich über alles, das in meinem Herzen Wut oder Angst auslösen könnte. Zerstörerische Gedanken haben keine Macht mehr über mich. Ich bin bestens gerüstet für alles, was ich zu tun habe. Ich sehe allein die Herrlichkeit, die ich bin.

Geistige Arbeit führt zu positiven Veränderungen

Ich weiß, dass sich »dort draußen« nichts ändern wird, solange ich nicht innere Veränderungen vornehme und zu geistiger Arbeit bereit bin. Das Einzige, das ich zu ändern habe, ist ein Gedanke, nur ein Gedanke. Also werde ich in diesem Jahr an all das Positive denken, das ich für mich tun kann.

Mein Denken ist immer positiv. Sobald ich erwache, bekräftige ich das, was ich mir für diesen Tag vornehme, mit positiven Affirmationen. Ich sage »fort!« zu jedem unerwünschten, negativen Gedanken. Ich bin dankbar für alles Gute in meinem Leben. Auf diese Weise leiste ich die geistige Arbeit, die positive Veränderungen bewirkt.

Es ist nur
ein Gedanke,
der sich
ändern lässt

Wie oft habe ich mich geweigert, etwas Positives über einen anderen Menschen zu denken? Nun, ich kann mich genauso gut weigern, negativ über mich selbst zu denken. Zwar sagen die Leute: »Ich kann nicht aufhören, diesen einen Gedanken zu denken.« Doch, das kann ich. Ich muss mich entscheiden, dass es das ist, was ich tun werde. Ich muss meine Gedanken nicht bekämpfen, wenn ich etwas ändern will.

Wenn sich eine negative Stimme in mir meldet, kann ich zu ihr sagen: »Danke für diese Mitteilung.« Ich gebe dem negativen Gedanken keine Macht, aber ich werde seine Anwesenheit auch nicht leugnen. Ich sage nur: »Also gut, da bist du ja. Ich danke dir für das, was du mir mitteilen willst, und beschließe, etwas anderes zu tun. Ich will mich nicht länger auf so etwas einlassen. Ich will meine Denkweise ändern.« Ich bekämpfe meine Gedanken nicht. Ich erkenne und transzendiere sie.

Ich bin mit der Fülle des Lebens verbunden

Ich bin Geist, Licht, Energie, Schwingung, Farbe und Liebe. Ich bin so viel mehr, als ich mir selbst zutraue. Ich bin mit allen Menschen und allem Leben auf diesem Planeten verbunden. Ich sehe, dass ich heil und gesund bin und in einer Gesellschaft lebe, in der ich unbesorgt andere Menschen lieben und selbst sein kann, wer ich bin. Diese Vision habe ich für mich und alle von uns, denn dies ist eine Zeit der Heilung und Ganzwerdung. Ich bin ein Teil des Ganzen. Ich bin eins mit allem Leben.

Ich höre auf die Botschaften meines Körpers

In dieser Welt des ständigen Wandels entschließe ich mich, in allen Belangen flexibel zu sein. Ich bin bereit, mich selbst und meine Einstellungen zu ändern, um die Qualität meines Lebens und meiner Welt zu verbessern. Mein Körper liebt mich, unabhängig davon, wie ich ihn behandle.

Mein Körper spricht zu mir und ich höre jetzt auf seine Mitteilungen. Ich bin bereit, seine Botschaften wirklich anzunehmen. Ich bin achtsam und nehme die notwendigen Änderungen vor. Ich gebe meinem Körper das, was er auf allen Ebenen braucht, um wieder beste Gesundheit zu erlangen. Ich wende mich an die innere Kraft, die mir zur Verfügung steht, wann immer ich sie brauche.

Ich schaffe mir meine Zukunft jetzt

Unabhängig davon, wie meine frühe Kindheit war – ob die beste oder die schlimmste: Ich allein bin jetzt für mein Leben verantwortlich. Ich kann meine Zeit damit vertun, meinen Eltern und meiner frühen Umgebung die Schuld zuzuweisen, aber das führt letztlich nur dazu, dass ich in der Rolle des Opfers gefangen bleibe. So bekomme ich nie das Gute, das ich mir angeblich so sehr wünsche. Mein gegenwärtiges Denken erschafft meine Zukunft. Es kann ein Leben voll Negativität und Leiden erschaffen, aber auch ein Leben voll grenzenloser Freude. Ich entscheide mich jetzt für eine glänzende Zukunft.

Ich öffne neue Tore zum Leben

Vor mir liegt ein langer Korridor mit vielen Türen – und jede öffnet sich zu einer neuen Erfahrung. Während ich diesen Korridor entlanggehe, sehe ich mich selbst, wie ich verschiedene Türen öffne – zu den großartigen Erfahrungen, die ich gerne machen würde. Ich vertraue darauf, dass mein innerer Führer mich so leitet, wie es für mich am besten ist, und dass meine spirituelle Entwicklung ständig fortschreitet.

Doch ganz gleich, welche Tür sich gerade öffnet oder schließt, ich bin immer in Sicherheit. Ich bin ewig. Ich werde bis in alle Ewigkeit von einer Erfahrung zur anderen schreiten. Ich sehe mich selbst, wie ich Türen öffne – Türen zu Freude, Frieden, Heilung, Wohlstand, Liebe, Verständnis, Mitgefühl, Vergebung, Freiheit, Selbstwert und Selbstachtung. Alle Türen stehen mir offen.

Ich lasse die anderen sein, wie sie sind

Ich kann andere Menschen nicht dazu zwingen, sich zu ändern. Ich kann ihnen eine positive geistige Atmosphäre anbieten, die ihnen die Möglichkeit zur Veränderung gibt, falls sie das wünschen. Aber ich kann das nicht an ihrer Stelle tun oder es ihnen aufzwingen.

Jeder Mensch ist hier auf der Erde, um seine Lektionen zu lernen. Wenn *ich* das für andere Menschen erledige, dann müssen sie die Lektionen einfach wiederholen, weil sie ihre eigenen Aufgaben nicht selbst gelöst haben. Alles, was ich für sie tun kann, ist, sie zu lieben, ihnen zu gestatten, sie selbst zu sein, und sie wissen zu lassen, dass sie die Wahrheit immer in sich tragen und sich jederzeit ändern können, wenn sie das wollen.

Ich bin offen für meine Kinder

Ich halte die Kommunikationskanäle zu meinen Kindern offen, besonders solange sie noch nicht 18 sind. Wenn Kinder anfangen, über bestimmte Dinge zu reden, kommt es oft vor, dass sie immer wieder ermahnt werden: »Sag das nicht. Tu das nicht. Fühle das nicht. Sei nicht so. Äußere das nicht. Tu nicht dies, nicht das, nicht jenes!«

Das muss doch dazu führen, dass Kinder aufhören, sich mitzuteilen. Ich vermeide diese Schwierigkeiten, indem ich ein offenes Ohr für die Wünsche und Vorstellungen meiner Kinder habe und in schwierigen Situationen immer nach Kompromissen suche. Auf diese Weise schmieden meine Kinder und ich eine wunderbare Partnerschaft.

In meiner Welt bin ich gut aufgehoben

Wenn ich verunsichert oder verängstigt bin, neige ich dazu, meinen Körper mit einem Fettpolster zu schützen. Ich erkenne, dass in solchen Zeiten etwas in meinem Leben geschieht, das mich unsicher macht. Ich kann zwanzig Jahre lang gegen die Pfunde kämpfen und immer noch dick sein, weil ich mich nicht mit den tieferen Ursachen befasst habe. Wenn ich übergewichtig bin, lasse ich mein Gewichtsproblem beiseite und arbeite zuerst an dem anderen Problem – dem Muster, das mir immer wieder sagt: »Ich brauche Schutz. Ich bin unsicher.«

Ich vermeide es jedoch, wütend zu werden, wenn ich noch weiter zunehme, denn ich weiß, dass meine Zellen meinen Gedankenmustern folgen. Wenn das Schutzbedürfnis nicht mehr vorhanden ist oder ich beginne, mich sicher zu fühlen, wird das Fett von allein wegschmelzen. Was ich heute denke, wird morgen dafür sorgen, dass ich eine neue Figur bekomme.

Ich bin liebenswert

Liebe muss ich mir genauso wenig verdienen wie die Luft zum Atmen. Weil ich existiere, habe ich auch das Recht zu atmen. Weil ich existiere, habe ich auch das Recht, geliebt zu werden. Ich bin meiner eigenen Liebe würdig.

Ich lasse es nicht zu, dass mir die gängigen Vorurteile und die negativen Meinungen meiner Eltern oder der Gesellschaft das Gefühl geben, unzulänglich zu sein. In Wahrheit gehört es zu meinem Wesen, dass ich liebenswert bin. Das weiß und akzeptiere ich. Ich mache die Erfahrung, dass die Menschen mich nun wie eine liebenswerte Person behandeln.

Ich lasse alle Schuldgefühle los

In der Vergangenheit habe ich unter einer dicken Wolke von Schuldgefühlen gelebt. Stets hatte ich das Gefühl, im Unrecht zu sein und es nicht recht zu machen. Ich war ständig dabei, mich zu entschuldigen. Ich wollte mir nicht verzeihen, was ich in der Vergangenheit getan hatte. Andere Menschen habe ich so manipuliert, wie ich einst selber manipuliert worden bin.

Jetzt aber habe ich erkannt, dass Schuldgefühle keine Lösung sind. Wenn ich früher etwas gemacht habe, das ich bereue, dann höre ich auf damit! Wenn möglich mache ich es bei der anderen Partei wieder gut. Wenn nicht, wiederhole ich mein Verhalten einfach nicht mehr.

Ich bin mir bewusst, dass Schuldgefühle nach Bestrafung suchen und Bestrafung Leid erzeugt. Deshalb vergebe ich mir selbst, und ich vergebe auch den anderen. So werfe ich die Fesseln ab, die ich mir selbst angelegt habe.

Ich sorge für meinen inneren Frieden

Weil ich in innerem Frieden ruhe, herrscht in der Welt um mich herum Frieden. Auch wenn andere Menschen unter Chaos und Zwietracht leiden mögen, berührt mich das nicht, denn ich habe für mich selbst Frieden erklärt. Das Universum ist ein Reich von großartiger Ordnung und Friedlichkeit, und das spiegelt sich in jedem Augenblick meines Lebens.

Um ihre himmlischen Bahnen einzuhalten, brauchen sich Sterne und Planeten nicht zu sorgen und zu ängstigen. Ebenso wenig trägt chaotisches Denken dazu bei, dass mein Dasein in friedlichen Bahnen verläuft. Ich entscheide mich für ein Leben der Friedfertigkeit, denn ich bin Friede.

Ich äußere positive Worte und Gedanken

Wenn ich begreifen könnte, welche Macht meine Worte besitzen, würde ich sehr vorsichtig damit umgehen. Ich würde nur in positiven Affirmationen sprechen. Doch unabhängig davon, was ich mir einbilde, sagt das Universum immer Ja zu allem, was ich ausspreche.

Wenn ich mir einrede, dass ich nicht viel wert sei, dass das Leben nie gut zu mir sein wird und ich niemals bekommen werde, was ich mir wünsche, wird sich das Universum entsprechend verhalten – und genau das werde ich dann bekommen. In dem Moment, da ich beginne, mich zu ändern, in dem Moment, da ich bereit bin, Gutes in mein Leben zu bringen, wird das Universum entsprechend darauf reagieren.

Ich bin reiner Geist

Ich schaue tief in mein Innerstes und erblicke den Kern von mir, der reiner Geist, reines Licht und reine Energie ist. Vor meinem geistigen Auge male ich mir aus, wie meine Begrenzungen eine nach der anderen von mir abfallen, bis ich mich sicher, heil und ganz fühle. Ich bin mir bewusst, dass ich im tiefsten Kern meines Seins heil und beschützt bin – ganz gleich, was gerade in meinem Leben geschehen und wie schwierig die Lage auch sein mag. So wird es immer sein.

Durch alle meine Existenzen hindurch bin ich leuchtender Geist – ein strahlendes Licht. Von Zeit zu Zeit erscheine ich auf diesem Planeten und verhülle mein Licht, um es zu verstecken. Doch das Licht ist immer da. Wenn ich meine Begrenzungen loslasse und die wahre Schönheit meines Wesens erkenne, erstrahle ich in hellem Glanz. Ich bin reine Energie. Ich bin der Geist strahlender Liebe und lasse mein Licht leuchten.

Jederzeit bin ich allen Aufgaben gewachsen

Ich preise mich glücklich und sage mir, wie wunderbar ich doch bin. Auf keinen Fall mache ich mich schlecht. Wenn ich etwas Neues anfange, setze ich mich nicht unter Druck, weil ich nicht gleich beim ersten Mal ein Meister bin. Ich übe, um dadurch zu lernen, was wirklich funktioniert und was nicht.

Wenn ich dann das nächste Mal etwas Neues oder Verschiedenes mache, etwas, das ich gerade lerne, will ich das für mich selbst tun. Dann sage ich mir nicht, was ich falsch gemacht habe, sondern was dabei richtig war. Durch Lob baue ich mich auf, sodass ich wirklich ein gutes Gefühl habe, wenn ich es das nächste Mal wiederhole. So werde ich von Mal zu Mal immer besser. Bald werde ich eine neue Fähigkeit erworben haben.

Ich empfange ständig unglaubliche Gaben

Ich lerne gute Gaben anzunehmen, statt sie auszutauschen. Wenn ein Freund mir ein Geschenk macht oder mich zum Essen einlädt, muss ich ihm das nicht sofort zurückgeben. Ich lasse zu, dass mir dieser Mensch ein Geschenk macht. Ich nehme es freudig und vergnügt an. Vielleicht werde ich dieses Geschenk nie erwidern. Vielleicht werde ich einem anderen Menschen etwas geben. Wenn mir jemand etwas schenkt, das ich nicht gebrauchen kann oder nicht haben möchte, sage ich mir: »Ich will dieses Geschenk mit Freude und Dankbarkeit annehmen« – und dann gebe ich es weiter.

Ich liebe es, ich selbst zu sein

Wie schön wäre es doch, ein Leben zu führen, ohne jemals von anderen kritisiert zu werden! Ich kann mir vorstellen, dass ich mich dann rundum wohl und glücklich fühlen würde. Am Morgen stünde ich auf mit der Gewissheit, einen wunderbaren Tag vor mir zu haben, einen Tag, an dem jeder mich liebte und keiner mich herabsetzte oder verurteilte. Da würde ich mich einfach großartig fühlen.

Doch nun wird mir klar, dass ich mir dieses Geschenk selbst machen kann. Es liegt an mir, mein Leben mit mir selbst so zu gestalten, dass es zur denkbar großartigsten Erfahrung wird. Ich kann morgens erwachen, mich selbst lieben, mich selbst loben und mir sagen: *Ich liebe es, ich selbst zu sein.*

Ein Kreis der Liebe umhüllt meine Beziehungen

Meine Mitmenschen, ganz gleich, ob sie noch am Leben sind oder nicht, hülle ich in einen Kreis der Liebe ein. Darin schließe ich alle ein: meine Freunde, meine Familie, die Menschen, die ich liebe, meinen Partner, die Menschen an meinem Arbeitsplatz und aus meiner Vergangenheit und alle, denen ich vergeben möchte, ohne so recht zu wissen, wie das geschehen soll.

Ich bekräftige, dass ich wunderbare, harmonische Beziehungen zu allen Menschen habe, Beziehungen, die von gegenseitiger Achtung und Fürsorge geprägt sind. Ich bin mir bewusst, dass ich mein Leben in Würde, Frieden und Freude führen kann. Ich dehne diesen Kreis der Liebe über den ganzen Planeten aus und mache mein Herz offen und weit, damit ich in mir eine Dimension bedingungsloser Liebe erfahren kann. Ich bin liebenswert. Ich bin schön. Ich bin mächtig. Ich bin offen für alles Gute.

Ich genieße Frieden und Freiheit

Heute bin ich ein neuer Mensch. Ich entspanne mich und befreie mein Denken von allen Zwängen. Es gibt keine Person, keinen Ort, kein Ding, die mich ärgern oder stören könnten. Ich bin in Frieden. Ich lebe als freier Mensch in einer Welt, die meine eigene Liebe und mein eigenes Verständnis reflektiert.

Ich lehne nichts ab. Vielmehr bin ich *für* alles, das mein Leben besser macht. Meine Worte und Gedanken dienen mir als Werkzeug, mit dem ich meine Zukunft gestalte. Immer wieder bringe ich meine tiefe Dankbarkeit zum Ausdruck und halte Ausschau nach Dingen, für die ich dankbar sein kann. Ich bin entspannt. Mein Leben ist friedlich.

Ich atme in Liebe, ich fließe mit dem Leben

Dehne ich mich aus oder ziehe ich mich zusammen? Wenn ich meine Denkweise, meine Glaubensvorstellungen und alles, was sonst zu mir gehört, erweitere, kann die Liebe frei fließen. Wenn ich mich zusammenziehe, errichte ich Mauern und schließe mich ab. Wenn ich mich fürchte und bedroht fühle oder das Gefühl habe, dass irgendetwas bei mir einfach nicht in Ordnung ist, beginne ich tief zu atmen.

Atmen macht mich offen. Es richtet meine Wirbelsäule auf. Es öffnet meinen Brustkorb. Es gibt meinem Herzen Raum, sich zu weiten. Indem ich Tiefatmung übe, lasse ich Schranken fallen und fange an, mich zu öffnen. Atmung ist ein Ausgangspunkt. Anstatt in Panik zu geraten, mache ich ein paar tiefe Atemzüge und frage mich: »Will ich mich zusammenziehen oder will ich mich ausdehnen?«

Ich befreie mich von allem Negativen

Ganz gleich, wie lange meine negativen Glaubensmuster in meinem Unterbewusstsein vorhanden waren, ich bekräftige jetzt nachdrücklich, dass ich mich davon befreit habe. Ich bekräftige, dass ich bereit bin, in meinem Bewusstsein alle Ursachen und Muster loszulassen, die negative Auswirkungen auf mein Leben haben. Ich bekräftige, dass ich jetzt bereit bin, das Verlangen nach negativen Situationen und Bedingungen in meinem Leben loszulassen. Ich bin mir bewusst, dass sie verblassen und vergehen, um sich in dem Nichts, aus dem sie aufgetaucht sind, aufzulösen. Der alte Schrott hat keine Gewalt mehr über mich. Ich bin frei!

Mühelos lasse ich das Vergangene sein und vertraue dem Leben

Ich schließe die Pforten zu alten, schmerzhaften Erinnerungen. Ich schließe die Pforten zu alten Kränkungen und alter, selbstgerechter Unversöhnlichkeit. Ich könnte mich an ein Ereignis aus der Vergangenheit erinnern, das mir Schmerz und Verletzung gebracht hatte – an etwas, das ich nur schwer anschauen und verzeihen kann. Ich frage mich: »Wie lange will ich noch daran festhalten? Wie lange will ich noch an einer Sache leiden, die in der Vergangenheit geschehen ist?«

Nun schaue ich vor meinem geistigen Auge einen Fluss und nehme diese alte Erfahrung, diesen Schmerz, diese Kränkung, diese Unversöhnlichkeit und werfe das alles in diesen Fluss und sehe zu, wie es allmählich abwärts treibt und sich auflöst, bis es völlig vergangen und verschwunden ist.

Ich habe wirklich die Fähigkeit loszulassen.

Ich verdiene Freude

Ich bin es wert, in einer Atmosphäre von Freude und Bejahung zu leben. Täglich wiederhole ich Affirmationen, in denen ich mir sage, dass ich wirklich Gutes verdiene. Ich bin auch bereit, über die Grenzen meines Elternhauses und meiner früheren Kindheit hinauszugehen.

Ich schaue in den Spiegel und sage zu mir: »Ich verdiene alles Gute. Ich verdiene Reichtum. Ich verdiene Freude. Ich verdiene Liebe.« Ich breite meine Arme ganz weit aus und sage: »Ich bin offen und aufnahmebereit. Ich bin großartig. Ich bejahe alles.«

Ich programmiere mich mit positiven Gedanken

Das Umprogrammieren negativer Denkmuster ist sehr wirkungsvoll. Dazu ist eine Tonbandaufnahme mit meiner eigenen Stimme sehr nützlich. Ich bespreche eine Kassette mit meinen Affirmationen und spiele sie dann ab. Sie wird für mich äußerst wertvoll sein.

Wenn ich eine Kassette haben möchte, die noch stärker auf mich wirkt, bitte ich meine Mutter darum. Ich stelle mir vor, mit der Stimme meiner Mutter im Ohr einzuschlafen – die mir sagt, wie wunderbar ich doch sei, wie sehr sie mich liebe, wie stolz sie auf mich sei und wie gut sie wisse, dass ich in dieser Welt *alles* erreichen könne.

Die Liebe motiviert mich

Ich lasse in meinem Herzen allen Groll und alle Verbitterung los. Ich bekräftige, dass ich uneingeschränkt bereit bin, allen Menschen freien Herzens zu vergeben. Wenn ich an eine bestimmte Person denke, die mich irgendwann in meinem Leben verletzt haben könnte, segne ich sie jetzt mit Liebe und lasse los.

Ich weiß, dass niemand mir etwas wegnehmen kann, das mir zu Recht gehört. Alles, was mir gehört, wird immer zu mir zurückkommen, denn so will es die rechte göttliche Ordnung. Wenn ich etwas nicht zurückbekomme, dann sollte es nicht so sein. Ich nehme diesen Gedanken mit Frieden im Herzen an. Es ist so wichtig, Groll und Verbitterung aufzulösen. Ich habe Vertrauen in mich. Ich bin in Sicherheit. Die Liebe motiviert mich.

Ich stehe am rechten Platz

Alles, was ich benötige, wird mir in perfekter raum-zeitlicher Abfolge zuteil. Ebenso wie alle Sterne und Planeten ihrer vollkommenen Bahn und göttlichen Ordnung folgen, so tue ich es auch. Ich kann vielleicht nicht alles, was mit mir geschieht, mit meinem beschränkten Verstand begreifen. Aber ich weiß, dass ich mich aus kosmischer Sicht zur rechten Zeit am rechten Platz befinde und das Richtige tue. Ich ziehe es vor, positive Gedanken zu hegen. Meine gegenwärtige Erfahrung ist ein Sprungbrett zu neuer Einsicht und größerer Herrlichkeit.

An jedem Tag sage ich Dank

Ich bin dankbar für all die wunderbaren Dinge in meiner Welt – die schönen Narzissen, die köstlichen Speisen, die praktischen Computer und andere technische Wunderdinge, die mir das Leben leichter machen, dankbar für meine guten Freunde, meine nette Wohnung, mein schickes Auto, meine liebevollen Haustiere, meinen klugen Verstand, meinen gesunden Körper – dankbar für alles! Ich sage dem Universum immer wieder Dank und ich weiß, dass meine Gedanken gehört und geschätzt werden. Ich lebe mit einem beständigen Gefühl der Dankbarkeit.

Ich vergebe allen, auch mir selbst

Wenn ich in Verbitterung und Zorn an der Vergangenheit festhalte und mich selbst daran hindere, den gegenwärtigen Augenblick zu erfahren, verschwende ich das Heute. Wenn ich über lange Zeit an Groll und Bitterkeit festhalte, hat das nichts mehr mit der anderen Person zu tun, sondern damit, dass ich mir selbst nicht verzeihe. Wenn ich an alten Kränkungen festhalte, bestrafe ich mich selbst im Hier und Jetzt. Ich möchte nicht länger in dem Gefängnis selbstgerechten Grolls sitzen. Ich entscheide mich dafür, lieber glücklich zu sein, als immer Recht zu haben. Ich vergebe mir selbst und höre auf, mich selbst zu bestrafen.

Meine Arbeit macht mich glücklich

Es ist meine Aufgabe, Leben zu manifestieren. Diese Arbeit erfüllt mich mit Freude. Ich danke dem Himmel für jede Gelegenheit, bei der ich zeigen kann, dass die Kraft göttlicher Intelligenz durch mich wirkt. Jedes Mal, wenn sich mir eine neue Herausforderung stellt, bin ich mir bewusst, dass mir diese Chance von meinem wahren Arbeitgeber, dem Leben, gegeben wird. Dann beruhige ich meinen Geist und wende mich nach innen in der Erwartung, dass von dort die Antwort kommt, wie ich diese Aufgabe lösen soll.

Ich nehme diese gesegneten Offenbarungen freudig an, wohl wissend, dass ich meinen gerechten Lohn für gut geleistete Arbeit verdiene. Für diese erfreuliche Tätigkeit werde ich reichlich belohnt. Meine Kollegen – die ganze Menschheit – sind allesamt hilfreiche, liebevolle, fröhliche, enthusiastische und leistungsfähige Arbeiter auf dem Feld des spirituellen Wachstums, und wir segnen einander mit Liebe.

Ich streiche das Wort sollen aus meinem Leben

Ich streiche das Wort *sollen* für immer aus meinem Vokabular. *Sollen* ist ein Wort, das mich zum Gefangenen macht. Jedes Mal, wenn ich das Wort *sollen* ausspreche, drücke ich damit aus, dass ich oder ein anderer im Unrecht ist. Tatsächlich meine ich damit: »Ich bin nicht gut genug.«

Von jetzt an ersetze ich das Wort *sollen* durch *können*. *Können* sagt mir, dass ich die Wahl habe, und das bedeutet Freiheit. Ich muss mir darüber im Klaren sein, dass ich mir alles, was ich im Leben tue, so ausgesucht habe. Es gibt wirklich nichts, was ich tun *sollte*. Ich habe immer die Wahl.

Mein Schlaf ist friedlich

Der Schlaf ist die Zeit, in der ich mein Tagewerk zu Ende bringe und mich regeneriere. Mein Körper baut sich wieder auf, wird erneuert und erfrischt. Mein Geist geht in den Traumzustand über, um die Probleme des Tages zu lösen. So bereite ich mich auf den kommenden neuen Tag vor. Während ich in den Schlafzustand eintrete, will ich positive Gedanken mit mir nehmen – Gedanken, die mir einen wundervollen neuen Tag und eine wunderbare, neue Zukunft bringen werden.

Wenn ich also Ärger und Kritik in mir spüre, lasse ich sie los. Wenn Groll oder Furcht in mir aufsteigen, lasse ich sie los. Wenn Eifersucht oder Wut mich quälen, lasse ich sie los. Wenn Schuldgefühle oder das Verlangen nach Strafe in irgendeinem Winkel meines Geistes stecken, lasse ich sie los. Während ich in den Schlaf gleite, empfinde ich im Geist und im Körper nichts als Frieden.

Ich bin mit Gesundheit und Energie gesegnet

Ich weiß und bekräftige, dass es sich in meinem Körper prima leben lässt. Ich respektiere meinen Körper und behandle ihn gut. Ich ernähre ihn mit gutem Essen und mit gesunder Übung. Ich spreche positive Affirmationen für meinen Körper und sage ihm immer wieder, dass ich ihn liebe. Ich verbinde mich mit der Energie des Universums und ich lasse sie durch mich hindurchströmen. Ich verfüge über eine wunderbare Energie. Ich bin strahlend, kraftvoll und ganz lebendig!

Jedes Problem hat seine Lösung

Für jedes Problem, das ich mir mache, gibt es eine Lösung. Ich lasse mich nicht von meinem begrenzten menschlichen Verstand einschränken, denn ich bin mit dem Wissen und der Weisheit des ganzen Universums verbunden. Ich komme aus dem liebenden Raum des Herzens und ich weiß, dass die Liebe alle Türen öffnet.

Es gibt eine Macht, allzeit bereit mir zu helfen, jeder Herausforderung und jeder Krise meines Lebens zu begegnen und sie zu bewältigen. Ich weiß, dass es für jedes Problem irgendwo auf der Welt Heilung gibt. Darum weiß ich, dass dies auch für mich geschehen kann. Ich hülle mich in einen Kokon der Liebe ein und ich weiß, dass alles in meiner Welt in Ordnung ist.

Der unendliche Geist ist ewig

Ich weiß, dass die Sonne ewig scheint. Auch wenn Wolken vorüberziehen und sie für kurze Zeit verdunkeln, scheint die Sonne immerfort. Und obwohl sich die Erde dreht und es so aussehen mag, als ginge die Sonne unter, hört sie in Wirklichkeit niemals auf zu scheinen.

Das Gleiche gilt auch für die unendliche Kraft, den unendlichen Geist. Er ist immer da und schenkt mir sein Licht. Auch wenn ich seine Gegenwart durch die Wolken negativen Denkens verfinstere, wirkt dennoch jener Geist, jene Kraft, jene heilende Energie immer in mir.

Ich reise durch die Ewigkeit

In der Unendlichkeit des Lebens ist alles ganz vollkommen und vollendet. Auch der Kreislauf des Lebens ist ganz vollkommen und vollendet. Es gibt eine Zeit des Beginnens, eine Zeit des Wachsens, eine Zeit des Seins, eine Zeit des Welkens oder Vergehens und eine Zeit des Abschieds. Dies alles gehört zu der Vollkommenheit des Lebens. Ich empfinde das als normal und natürlich, und auch wenn ich manchmal traurig darüber bin, bejahe ich diesen Kreislauf und seine Rhythmen.

Manchmal kommt es mitten im Kreislauf zu einem abrupten Ende. Da bin ich erschüttert und fühle mich bedroht. Jemand starb zu früh, etwas wurde zerschlagen und zerstört. Ich weiß jedoch, dass das Leben einem ständigen Wandel unterworfen ist. In Wirklichkeit gibt es keinen Anfang und kein Ende, nur einen ununterbrochenen Kreislauf der Umwandlung von Materie und Erfahrung. Leben ist nie festgefahren, statisch oder schal, denn jeder Augenblick ist ewig neu und frisch und jedes Ende ist ein neuer Ausgangspunkt.

Ich hege positive Gedanken

Gedanken gleichen Wassertropfen. Wenn mir ständig dieselben Gedanken durch den Kopf gehen, erzeuge ich eine unglaubliche Ansammlung von Wasser. Zuerst ist es nur eine kleine Pfütze, dann vielleicht ein Teich, und während mein Geist immer wieder um dieselben Gedanken kreist, entsteht ein See und zuletzt ein Meer. Wenn meine Gedanken negativ sind, werde ich in meiner eigenen Negativität ertrinken. Wenn meine Gedanken positiv sind, wird mich der Ozean des Lebens tragen.

Ich bin zur rechten Zeit hier

Ich befinde mich auf einer endlosen Reise durch die Ewigkeit, und die Zeit, die ich auf dieser Ebene der Realität verbringe, ist nicht länger als ein kurzer Moment. Ich habe mir diesen Planeten ausgesucht, um bestimmte Lektionen zu lernen, an meiner spirituellen Entwicklung zu arbeiten und meine Liebesfähigkeit zu erweitern.

Es gibt weder eine richtige Zeit noch eine falsche Zeit, zu kommen oder zu gehen. Ich trete stets in der Mitte des Filmes auf und ich gehe immer in der Mitte des Filmes ab. Ich trete ab, wenn ich meine besondere Aufgabe erledigt habe.

Ich komme, um zu lernen, wie ich mich selbst mehr lieben und diese Liebe mit allen Menschen um mich herum teilen kann. Ich komme, um mein Herz auf einer viel tieferen Ebene zu öffnen. Meine Fähigkeit zu lieben ist das Einzige, das ich mit mir nehme, wenn ich diese Welt verlasse.

Ich liebe alles, was ich selbst geschaffen habe

Ich liebe und bejahe mich so, wie ich bin. Ich unterstütze mich, vertraue mir und akzeptiere mich, wo immer ich mich befinden mag. Ich lege die Hand auf mein Herz und spüre die Liebe, die in meinem Herzen pulsiert. Ich weiß, dass es für mich genügend Raum gibt, mich hier und jetzt anzunehmen.

Ich bejahe alles – meinen Körper, mein Gewicht, mein Aussehen, meine Sexualität und meine Erfahrungen. Ich bejahe alles, was ich für mich selbst geschaffen habe – meine Vergangenheit und meine Zukunft. Ich lasse meine Zukunft auf mich zukommen.

Ich bin eine göttliche, großartige Manifestation des Lebens und verdiene das Allerbeste. Ich akzeptiere dies jetzt für mich. Ich akzeptiere Wunder. Ich akzeptiere Heilung. Ich akzeptiere Ganzheit. Und vor allem akzeptiere ich mich selbst. Ich bin kostbar und halte das in Ehren, was ich bin.

Ich bejahe und liebe mich in diesem Augenblick

Ich liebe mich in diesem jetzigen Augenblick – ich will damit nicht warten, bis ich abgenommen, eine neue Stelle bekommen oder einen Liebhaber oder dies oder das gefunden habe. Dieser Moment ist meine Wirklichkeit und ich weiß, allein hier und jetzt ist der Zeitpunkt, zu dem ich anfangen kann, mich so zu lieben und anzunehmen, wie ich bin. Bedingungslose Liebe ist Liebe ohne Erwartungen, und auf diese Weise will ich mich lieben. Bedingungslose Liebe bedeutet, alles so anzunehmen, wie es ist.

Ich bin eins mit allen auf dieser Erde

Ich glaube nicht an die beiden polaren Mächte des Guten und des Bösen. Ich glaube an den Einen Unendlichen Geist. Ich glaube, dass den Menschen Gelegenheit gegeben wird, ihre Intelligenz, ihre Weisheit und die Werkzeuge, die ihnen mitgegeben wurden, auf jede erdenkliche Art und Weise zu nutzen.

Wenn ich von *den Menschen* spreche, meine ich in Wirklichkeit mich, denn im Grunde bin ich die Regierung, die Kirche und der Planet. Der Ort, an dem ich damit anfangen sollte, Veränderungen vorzunehmen, ist da, wo ich gerade bin. Ich finde, es ist allzu einfach zu sagen: »Es ist der Teufel. Es sind die anderen.« In Wirklichkeit geht es immer um *mich*!

Ich erkenne mein wahres Wesen

Ich sehe mich als ein Wesen, das ein Bewusstsein von der Einheit mit der Gegenwart und Macht Gottes hat. Meine Weisheit und mein spirituelles Verständnis nehmen zu und ich bringe die innere Schönheit und Stärke meines wahren Wesens zum Ausdruck. In meinem Dasein ist die göttliche Ordnung immer präsent und ich habe genügend Zeit für alles, was ich tun möchte.

Mein Umgang mit anderen Menschen ist getragen von Weisheit, Verständnis und Liebe, und meine Worte sind von göttlichem Geist inspiriert. Ich stelle mir vor, dass ich die kreative Energie des Göttlichen in meinem Tun, meinem Schreiben und meinem Reden zum Ausdruck bringe. Fröhliche und erhebende Gedanken fließen durch meinen Geist. Ich denke über die empfangenen Ideen nach und bringe sie zu vollem Ausdruck.

Ich bin ich selbst

Ich bin nicht mein Vater. Ich bin nicht meine Mutter. Ich bin keiner meiner Verwandten. Ich bin nicht meine Schullehrer. Ich habe nichts mit den Begrenzungen meiner früheren religiösen Erziehung zu tun.

Ich bin ich selbst. Ich bin außergewöhnlich und einzigartig und besitze besondere Talente und Fähigkeiten. Niemand kann die Dinge auf genau dieselbe Art und Weise tun wie ich. Es gibt keine Konkurrenz und keinen Vergleich für mich. Ich bin meiner eigenen Liebe und meiner eigenen Selbstachtung würdig. Ich bin ein herrliches Geschöpf. Ich bin frei. Das erkenne ich als meine neue Wahrheit an.

Ich bin zum Gewinner geboren

Indem ich lerne, mich selbst zu lieben, werde ich stark. Meine Liebe zu mir selbst erhebt mich von der Position des Opfers auf das Podest des Gewinners. Diese Liebe zu mir selbst zieht fantastische Erfahrungen an. Menschen, die eine positive Einstellung zu sich selbst haben, sind von Natur aus anziehend, weil sie einfach eine wunderbare Aura um sich herum verbreiten. Sie stehen im Leben immer auf der Gewinnerseite. Ich bin bereit zu lernen, mich jetzt zu lieben. Auch ich bin ein geborener Gewinner.

Ich bringe frei zum Ausdruck, wer ich bin

Ich bin wahrhaft gesegnet. Es gibt wunderbare Möglichkeiten, ich selbst zu sein und mich zu verwirklichen. Ich bin die Schönheit und Freude des Universums, das sich manifestiert und wieder empfängt. Ich umgebe mich mit göttlicher Aufrichtigkeit und Gerechtigkeit. Ich weiß, dass göttlich richtiges Handeln geschieht und es für mich und alle Beteiligten richtig ist, was immer dabei herauskommt.

Ich bin eins mit der Kraft, die mich geschaffen hat. Ich bin wunderbar. Ich erfreue mich der Wahrheit meines Seins. So wie es ist, nehme ich es an und lasse es so sein. Ich sage: »So sei es«, und ich weiß, dass alles genau hier und jetzt in meiner wunderbaren Welt in bester Ordnung ist.

Ich vertraue der Einen Intelligenz

Ich vertraue der Einen Intelligenz. Sie ist allgegenwärtig. Diese Intelligenz wirkt in mir und in allem, wonach ich strebe. Wenn ich mich verirre oder etwas verliere, fange ich nicht an zu klagen: »Ich bin am falschen Ort. Ich kann meinen Weg nicht finden.« Ich weiß, dass im göttlichen Geist niemals auch nur das Geringste verloren geht. Ich vertraue völlig auf die Intelligenz in mir und ich weiß, dass sie mich auf den rechten Pfad führen wird.

Ich bin Teil des harmonischen Ganzen

Ich bin ein göttlicher Gedanke, der sich durch den Einen Geist auf harmonische Weise manifestiert. Alles, was ich tue, basiert auf der Einen Wahrheit – der Wahrheit meines Wesens und der Wahrheit des Lebens. Göttliches, rechtes Handeln leitet mich in jedem Augenblick des Tages. Ich sage das richtige Wort zur richtigen Zeit und handle jederzeit richtig.

Ich bin Teil des harmonischen Ganzen. Wenn Menschen freudig zusammenarbeiten und sich gegenseitig auf erfüllende, produktive Art und Weise ermutigen und unterstützen, kommt es zu einem göttlichen Verschmelzen von Energien. Ich bin gesund, glücklich, liebevoll, fröhlich, respektvoll, hilfsbereit und produktiv, und ich lebe in Frieden mit mir selbst und allen anderen Wesen.

Meine Familie segne ich mit Liebe

Nicht jeder hat eine so besondere Familie wie ich. Die anderen Familien haben im Allgemeinen nicht so viele Gelegenheiten wie meine Familie, ihre Herzen zu öffnen. Ich fühle mich nicht eingeschränkt – weder von den Ansichten meiner Nachbarn noch von den Vorurteilen der Gesellschaft.

Ich bin weitaus mehr als das. Ich habe eine Familie, die aus der Liebe heraus lebt, und ich nehme jeden von ihren einzigartigen Angehörigen mit Stolz an. Ich bin etwas Besonderes und ich bin der Liebe würdig. Ich liebe und akzeptiere jedes Mitglied meiner wunderbaren Familie, und sie wiederum lieben und verehren mich. Ich bin in Sicherheit. Für mich ist alles gut, so wie es ist.

Ich will mich ändern und wachsen

Ich bin bereit, Neues zu lernen, weil ich weiß, dass ich noch nicht genug gelernt habe. Ich bin bereit, alte Denkmuster aufzugeben, wenn sie mir nicht mehr weiterhelfen. Ich bin bereit, meine Beteiligung an bestimmten Situationen zu erkennen und zu sagen: »Das will ich nicht mehr tun.«

Ich weiß, dass ich mich noch mehr verwirklichen kann – nicht um ein besserer Mensch zu werden, denn das würde bedeuten, dass ich nicht gut genug bin. Aber ich kann das, was ich wirklich bin, stärker manifestieren. Wachstum und Veränderung erfüllen mich mit Begeisterung, selbst wenn ich mir dabei in meinem Herzen schmerzhafte Dinge anschauen muss.

Ich folge meiner inneren Weisheit

Meine innere Weisheit kennt alle Antworten. Manchmal mag dieses Wissen beängstigend sein, weil die Antwort, die ich innerlich empfange, ganz anders ausfällt als das, was meine Freunde oder meine Familie von mir erwarten. Doch in meinem Herzen weiß ich, was für mich richtig ist, und wenn ich dieser inneren Weisheit folge, lebe ich ganz in Harmonie mit meinem eigenen Wesen.

Ich bestärke mich darin, für mich selbst die richtigen Entscheidungen zu treffen. Wenn ich in Zweifel bin, frage ich mich: »Kommt das, was ich vorhabe, aus der liebenden Dimension meines Herzens? Ist dies für mich eine liebevolle Entscheidung? Ist das jetzt richtig für mich?« Die Entscheidung, die ich zu einem späteren Zeitpunkt treffe – einen Tag, eine Woche oder einen Monat später –, mag dann nicht mehr die passende Entscheidung sein. Doch dann kann ich sie ändern. Ich frage mich in jedem Augenblick: »Ist das für mich richtig?« und ich antworte: »Ich liebe mich und ich treffe stets die richtige Wahl.«

Dies ist der Himmel auf Erden

In diesem neuen Jahrtausend erkenne ich eine Gemeinschaft spirituell ausgerichteter Wesen, die sich in dem Wunsch vereinen, ihre Gaben zu teilen, in der Erkenntnis zu wachsen und ihr Licht in der Welt leuchten zu lassen – doch jeder Einzelne von ihnen hat die Freiheit, seinen eigenen Zielen nachzugehen. Ich trage zur Gestaltung einer Welt bei, in der die Förderung des inneren Wachstums an erster Stelle steht, eine Welt, in der diese Aufgabe dem Individuum zufällt.

In allen Bereichen, denen ich mich zuwende, wird es reichlich Zeit und Gelegenheit zu kreativem Gestalten geben. Das Geldverdienen wird mir keine unnötigen Sorgen bereiten. Alles, was ich benötige, kann durch meine inneren Kräfte hervorgebracht werden. Bildung wird zu einem Prozess des Erinnerns an das, was ich schon weiß, um es so ins volle Bewusstsein zu rufen. Es gibt kein Leiden, keine Armut, kein Verbrechen und keinen Betrug. Die Welt der Zukunft beginnt hier und jetzt, mit allen von uns.

Über die Autorin

Louise L. Hay ist eine weltbekannte spirituelle Lehrerin, Referentin und Autorin, die mehr als zwanzig Bücher verfasst hat, darunter Bestseller wie *Heile Deinen Körper* und *Liebe Deinen Körper*. Ihre Bücher wurden in 25 Sprachen übersetzt und in 33 Ländern publiziert. Die Weltauflage ihrer Bücher liegt bei mehr als 50 Millionen.

Seit Beginn ihrer Laufbahn im Jahr 1981, als sie für *Science of Mind* arbeitete, hat Louise L. Hay Hunderttausenden von Menschen geholfen, ihr volles schöpferisches Potenzial zu entdecken und es zu persönlichem Wachstum und zur Selbstheilung zu nutzen. Sie ist Gründerin und Leiterin von *Hay House*, einem Verlag für Selbsthilfe-Publikationen, der Bücher, CDs und DVDs vertreibt, die zur Heilung des Planeten beitragen sollen. Auch mit über 80 Jahren ist Louise L. Hay immer noch als Schriftstellerin, Seminarleiterin und Vortragende aktiv.